AF357759

JEAN-MARIE SAINT-EVE

GRAVEUR.

Ln²⁷ 18243
A

NOTICE

SUR

JEAN - MARIE SAINT - EVE

GRAVEUR,

Ancien Penſionnaire de l'Académie de France, à Rome.

Si fort que l'ouragan ſur nous gronde aujourd'hui,
Lorſqu'un tel homme meurt, il faut parler de lui.
Honorons ſon talent, car il fut ſimple et beau ;
Gloire ſoit au génie et paix à ſon tombeau !

A. BRIZEUX.

DÉPÔT LÉGAL
Rhône
N° 812
1860

LYON,

IMPRIMERIE DE LOUIS PERRIN,

—

1860.

JEAN-MARIE SAINT-EVE.

Saint-Eve (Jean-Marie) naquit à Lyon, le 9 juin 1810 ; l'Ecole des Beaux-Arts de cette ville, où il entra en 1828, lui décerna, dès la première année, une mention honorable.

En 1829, il obtint le prix Grognard, deſtiné par le fondateur au talent & à la bonne conduite.

En 1831, le prix de deſſin d'après l'antique.

En 1832, le prix de deſſin d'après nature.

Une chaire de gravure fut créée en 1834 & vint compléter l'enfeignement de l'Ecole des Beaux-Arts ; la direction de cette claffe fut confiée à M. Vibert.

J.-M. SAINT-EVE s'y fit infcrire un des premiers.

Sa gravure repréfentant un ange adorateur lui valut, cette même année, une médaille d'argent.

En 1835, le prix de gravure & de deffin lui fut décerné avec une feconde médaille du prix Grognard.

C'eft à cette époque que fon oncle, jufte appréciateur du noble caractère de SAINT-EVE, autant que de fes belles difpofitions, l'envoya à Paris pour y continuer fes études.

Il fut admis à l'Ecole des Beaux-Arts, où, pendant les années 1836 & 1837, il obtint fucceffivement des places de plus en plus honorables; cependant il ne fut pas heureux dans ce premier concours. Il échoua principalement parce qu'il avait tenu à fuivre fcrupuleufement les confeils qu'il recevait de Lyon, confeils qui lui étaient donnés de bonne foi, fans doute, mais qui tendaient à faire école.

Sans fe laiffer décourager par ce défappointement, SAINT-EVE fe mit auffitôt fous la direction de M. Richomme, membre de l'Inftitut, avec lequel il travailla pendant les années 1838 & 1839, pour fe préparer au prochain concours de gravure & de deffin.

Reçu le premier, en 1840, au concours d'effai, il eut encore la première place au concours définitif.

Ce fut auffi dans la même année qu'il remporta le *Grand prix de Rome.* Ce premier grand prix de gravure en taille-

8

douce lui fut folennellement décerné par l'Académie des Beaux-Arts, dans fa féance publique du 3 octobre.

La gravure qui lui valut cette diftinc-tion, eft fignalée encore aujourd'hui comme l'une des plus remarquables de l'Ecole.

Heureux de ce fuccès, SAINT-EVE fe rendit à Rome, plein d'ardeur & d'en-thoufiafme. Son admiration pour les œu-vres fi correctes & fi pures de Raphaël & des autres maîtres de l'Ecole italienne ne fit que grandir pendant fon féjour dans cette noble patrie des arts : elles devinrent l'objet de fes études de prédilection.

C'eft alors que commença, pour le gra-veur SAINT-ÈVE, l'époque des productions férieufes & fécondes. Il choifit fes pre-miers modèles dans la galerie des Offices de Florence.

La perte douloureufe de fon frère Emmanuel, qui mourut à Bologne, où il l'avait accompagné, interrompit quelque temps fes travaux; mais, plus tard, il les reprit avec autant de zèle que d'énergie.

Ceux qu'il exécuta pour remplir fes devoirs de penfionnaire de l'Académie de France furent remarqués. On diftingua furtout : *la Madone*, d'après le tableau d'Andrea del Sarto, — *le Portrait* de ce maître, peint par lui-même; — *la Sainte-Cécile*, d'après le tableau de Raphaël que poffède le mufée de Bologne; — *la Poéfie*, d'après les frefques de Raphaël, au Vatican; — *la Théologie, la Juftice* & *la Philofophie*, d'après les mêmes frefques; — *la Sainte-Famille*, d'après le tableau de Raphaël, du mufée des études de Naples; — l'enfant qui porte le cartouche dans *la Madone de Foligno*, d'après le tableau de Raphaël ; — *la Vierge de Capo di Monte*.

Obligé par les règlements de l'Académie de graver le portrait d'un artiste célèbre, dans les premières années de sa pension, ce fut le portrait d'Andrea del Sarto qu'il choisit. L'Institut, dans son rapport du 5 octobre 1844 sur les envois de cette année, s'exprima ainsi :

« M. SAINT-EVE a rempli ses princi-
« pales obligations de manière à ne mé-
« riter que des éloges. Il a déjà exécuté
« le dessin du tableau qu'il doit graver,
« & il a envoyé de plus, comme étude,
« un dessin d'après la *Sainte-Cécile* de
« Raphaël, avec une épreuve de sa plan-
« che gravée du portrait d'*Andrea del*
« *Sarto*.

« Le dessin à l'estompe & au crayon
« d'après la *Sainte-Cécile* est fait avec

« beaucoup de foin. Le ton local de la
« Gloire a été pris avec intelligence, &
« l'effet en eſt très-ſatisfaiſant; les drape-
« ries ſont très-étudiées. C'eſt un deſſin
« qui fait beaucoup d'honneur au goût
« & au talent de M. SAINT-EVE.

« La gravure du portrait d'Andrea
« del Sarto, par M. SAINT-EVE, a paru
« très-ſatisfaiſante à l'Académie. Tout y
« eſt fait avec ſoin & rendu avec talent;
« la tête ſurtout eſt exécutée avec une
« grande intelligence de travaux; il y a
« de l'expreſſion & de la vie dans la gra-
« vure de cette tête, & le grand maître
« qu'elle repréſente ne s'y reconnaît pas
« moins par ſa manière de peindre, fidè-
« lement reproduite dans le deſſin de
« M. SAINT-EVE, que par la reſſemblance
« même. C'eſt une planche très-recom-
« mandable. »

Chacun de fes envois lui valut les éloges de l'Inftitut. Prefque tous fes ouvrages furent expofés au falon de 1847.

Après les cinq années de fa penfion, dont une partie fut employée à vifiter les différents mufées, principalement ceux de Florence, de Bologne & de Naples, où il fit plufieurs belles études & de très-beaux deffins, M. Schnetz, qui était alors directeur de l'Académie de France, à Rome, écrivit fur le compte de SAINT-EVE ce qui fuit :

« Je puis affirmer qu'aucun penfion-
« naire n'a fait des études plus férieufes
« & plus affidues ; fans négliger la prati-
« que du burin, fi néceffaire en définitive
« pour un graveur, M. SAINT-EVE a
« cherché conftamment à perfectionner
« fon ftyle & fon deffin par l'étude atten-

« tive de l'antique & des maîtres les plus
« célèbres. »

C'était un talent férieux, grave, médi-
tatif, qui avait juftifié, de la manière la
plus large & la plus digne, les efpérances
& le jugement de fes maîtres.

A fon retour à Paris, il reçut le prix
de M. Leprince à l'Inftitut, & on lui accorda en outre, à titre de récompenfe,
un tirage de 300 exemplaires du portrait
d'Andrea del Sarto qu'il avait gravé à
Rome.

Saint-Eve obtint la première médaille
de première claffe à l'expofition de 1848,
dans laquelle figurait fa gravure *la Poéfie*.

En 1850, il reçut de nouveau le prix
de M. Leprince, & l'Académie adreffa à
la direction des Beaux-Arts un excellent
rapport, à la fuite duquel M. le Miniftre

de l'intérieur accorda à Saint-Eve une
foufcription fur fes œuvres.

Il expofa une nouvelle planche au falon
de 1851 ; le journal *la Patrie*, dans fon
numéro du 15 avril, en rendit compte
de la manière fuivante :

« La plus belle & la plus férieufe gra-
« vure qui fe trouve au Palais-National
« eft *la Théologie*, de Raphaël, due au
« burin de M. Saint-Eve. On y admire
« les grandes & fouples tailles, les tra-
« vaux favants & faciles des graveurs du
« XVIIe fiècle français. Vient enfuite *Marie*
« *dans le Défert*, par M. Achille Martinet,
« d'après M. Paul Delaroche, où la taille,
« quoique fort belle, eft moins ample &
« plus timide que chez M. Saint-Eve. »

Laborieux, modefte, livré à des études
confciencieufes, rien n'a pu le détourner

de la voie qu'il s'était tracée & dans laquelle il avait concentré fa vie d'artifte. Ainfi, chargé par le gouvernement d'un ouvrage important (la reproduction du tableau de M. Couture), il refufa ce travail après un examen fcrupuleux, & demanda de revenir à fes chères études de Raphaël, qu'il avait l'intention de compléter.

En 1853, le gouvernement lui confia la reproduction d'un tableau d'Andrea del Sarto, *la Charité*, que poffède le mufée du Louvre; fon deffin, qui eft très-remarquable, lui valut de grands éloges & faifait efpérer une belle gravure à laquelle il travaillait avec ardeur, lorfqu'une cruelle maladie vint arrêter tous fes travaux. Après plufieurs mois de fouffrance, il fuccomba, le 4 feptembre 1856, plein de réfignation.

16

Cette planche eft reftée inachevée (1) ainfi que fa belle collection des médaillons de Raphaël.

Une des dernières productions de SAINT-EVE eft *la Vierge au Donataire,* qui fait partie de la collection des Vierges de Raphaël, publiée par MM. Furne & Perrotin. « Cette gravure, très-fine, très- « foignée, l'une des meilleures du recueil, « eft tout à fait digne de l'importance « du tableau. » (*Moniteur univerfel* du 30 août 1856.)

SAINT-EVE a gravé vingt planches d'un mérite reconnu; les principales font les trois médaillons de Raphaël, *la Poéfie, la Philofophie* & *la Juftice;* cette dernière

(1) Elle a été confiée au favant burin de M. A. Salmon, ancien penfionnaire de l'Académie de France, à Rome, défigné par le gouvernement pour terminer cette gravure d'après le deffin de Saint-Eve.

n'a pas été complètement terminée. Il a laiffé dix-huit deffins très-remarquables, fon portrait deffiné par lui-même, en 1849, & un grand nombre d'études & d'efquiffes, recueillis avec foin & religieu-fement confervés par fon oncle.

Jean-Marie SAINT-EVE était non-feule-ment un grand artifte, c'était encore un grand cœur. Doué d'une nature fupérieure & d'un excellent caractère, on ne pouvait le connaître fans l'aimer & fans l'eftimer. La mort l'a enlevé dans toute la force de l'âge & du talent, & au moment où il allait recueillir le fruit de fes longs travaux, de fa patience & de fes efforts. Il ne s'eft pas affez ménagé ; fon ardente vocation d'ar-tifte a certainement abrégé fa vie.

C'eft une grande perte pour les arts, qui avaient trouvé en lui un fervent adepte, & qu'il eût honorés par fon caractère autant que par fon talent. Il eût fait, fi Dieu lui eût accordé quelques années de plus, la gloire de la gravure moderne.

C'eft auffi un malheur irréparable pour fa famille, & furtout pour fon oncle, qui l'aimait comme on aime un fils dont on eft fier.

A défaut de la gloire qui l'attendait, SAINT-EVE a reçu dans un autre monde la récompenfe du bon emploi de fes nobles facultés, & le fouvenir honoré qu'il a laiffé en celui-ci doit être un adouciffement aux juftes regrets de fa famille & de fes nombreux amis.

J. I. BOURGEOIS.

IN PRIN CIPIO ERAT VER BVM
L P

www.ingramcontent.com/pod-product-compliance
Lightning Source LLC
LaVergne TN
LVHW021909180726
843502LV00008B/2984